SCM

Stiftung Christliche Medien

© 2012 SCM Kläxbox im SCM-Verlag GmbH & Co. KG
Bodenborn 43 · 58452 Witten
Internet: www.scm-kläxbox.de; E-Mail: info@scm-klaexbox.de

Illustration: Bjarke, Hamburg
Satz und Covergestaltung: Maike Heimbach, Ennepetal
Druck und Bindung: Leo Paper Products, Gedruckt in China
ISBN 978-3-417-728511-6
Bestell-Nr. 228.511

Meine allerersten Gebete

Herausgegeben von
Sarah Josefine Reuter

SCM Kläxbox

Inhalt

Morgen

Die Sonne kitzelt deine kleine Nase. Es ist Zeit
aufzustehen! Mal sehen, was dich heute erwartet.
Gott ist mit dabei!

7

„Guten Morgen!" sag ich froh!
Lieber Gott, ich dank dir so,
dass ein neuer Tag beginnt,
und ich weiß: Ich bin dein Kind.
Beschütze mich an diesem Tag,
dass mir kein Leid geschehen mag,
und hilf mir, so zu leben heut,
dass es mich und dich erfreut.

8

Danke, Gott,
für diesen Tag.
Sei bei allen,
die ich mag.

Lieber Gott,
ich möchte groß werden
und die Welt erkunden,
tolle Sachen machen
und mich an all dem Segen freuen,
den du mir schenkst.

9

Ein neuer Tag ist da.
Hab Dank für Schlaf und Ruhe
und sei mir heute nah bei allem, was ich tue.

Lieber Vater im Himmel mein,
lass mich dir befohlen sein.
Auch diesen Tag, ich bitte dich,
beschütze und bewahre mich.

Wie fröhlich bin ich aufgewacht!
Wie hab ich geschlafen
so sanft die Nacht.
Hab Dank im Himmel,
du Vater mein,
dass du hast wollen bei mir sein.
Behüte mich auch diesen Tag,
dass mir kein Leid geschehen mag.

Lieber Jesus,
danke, dass wir heute zusammen in den Tag starten!
Du bist ein richtig guter Freund.
Bitte lass mich heute anderen helfen –
mit meinen kleinen Händen,
mit meinen kleinen Füßen,
mit dem, was ich sage.

*I*ch bin klein, doch du bist groß.
Mit dir geh ich gerne los.
Fasse deine Hand ganz fest,
weil du niemals mich verlässt.

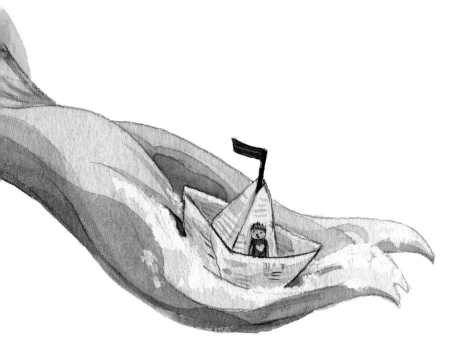

Ich gehe in den Tag hinein,
du, Gott, bist groß, und ich bin klein.
Erfülle mich mit deiner Kraft,
die in mir deinen Frieden schafft.

Abend

Draußen ist es schon dunkel. Der Mond scheint. Hüpf
ins Bettchen und schlaf gut. Gott passt auf dich auf.

15

*F*ür mein Bettchen weich und warm,
für das Schmusetier im Arm,
für den Kuss, den Mutter gibt,
und dass mich mein Vater liebt,
dafür, dass du bei mir bist,
dank ich dir, Herr Jesus Christ.

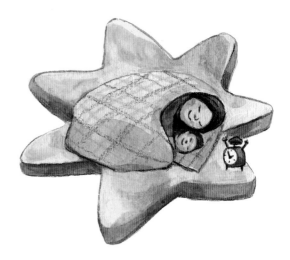

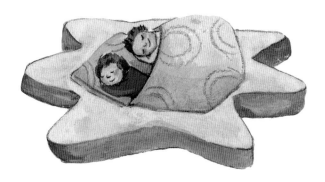

*L*ieber Jesus,
heute war ein schöner Tag.
Danke für meine Familie und Freunde.
Danke für alles, was ich erlebt habe.
Bitte sei heute Nacht bei allen Menschen,
denen es nicht gut geht.
Bitte mach, dass ich heute gut schlafe.

Müde bin ich, geh zur Ruh,
schließe meine Augen zu.
Vater, lass die Augen dein
über meinem Bette sein.

Alle, die mir sind verwandt,
Herr, lass ruhn in deiner Hand;
alle Menschen, Groß und Klein,
sollen dir befohlen sein.

Müden Herzen sende Ruh,
nasse Augen schließe zu.
Lass den Mond am Himmel stehn
und die stille Welt besehn.

ch leg mich hin und schlafe.
Ganz ohne Angst bin ich.
Denn wie ein Hirt die Schafe
behütet Jesus mich.

Kann mich nicht selbst bewahren,
hab ja die Augen zu.
Doch er schickt Engelscharen,
wacht über meiner Ruh.

Jetzt werd ich still und mache
ganz einfach gar nichts mehr.
Bis morgen ich erwache,
ist Friede um mich her.

Lieber Herr Jesus,
danke, dass du immer bei mir bist!
Deshalb brauche ich keine Angst zu haben
vor einem Gewitter in der Dunkelheit.
Pass heute Nacht bitte gut auf mich auf!

Gott, ich will es nicht vergessen,
dir zu danken für den Tag,
für das viele gute Essen,
für die Kleider, die ich trag,
für die freie Zeit zum Spielen
und für jedes Kuscheltier.

Überhaupt, für all die vielen
schönen Dinge dank ich dir.
Lieber Gott, du hast ja immer
auch ein offenes Ohr für mich.
Bist auch jetzt bei mir im Zimmer;
sei mir nah, ich bitte dich.

*L*ieber Gott im Himmel, du,
meine Augen fallen zu.
Bleib bei mir die ganze Nacht,
bis die Sonne wieder lacht.

*L*ieber Gott,
heute habe ich ganz schön viel erlebt.
Wie gut, dass du immer bei mir warst!
Danke, dass du auf mich aufpasst.

Danke

Gott schenkt dir ganz viel: deine Freunde
und deine Familie. Dein Haustier und das Essen.
Und noch vieles mehr!

Lieber Gott,
danke für die Bäume,
die sich im Wind wiegen,
und für tanzende Blumen.
Danke für Vögel, die fliegen,
und Fische, die schwimmen.
Danke für krabbelige Spinnen
und Katzen, die klettern können.
Danke für diese wunderbare Welt.
Du musst ein wunderbarer Gott sein.

24

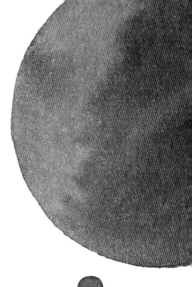

*D*anke, Herr! Ich will dir danken,
denn du hast mich froh gemacht.
Jeder Tag ist deine Gabe und auch jede gute Nacht.

Danke, Herr! Ich will dir danken,
weil du alle Menschen liebst
und weil du in deiner Liebe alles Böse uns vergibst.

Danke, Herr! Ich will dir danken,
dass ich zu dir kommen kann.
Du lässt niemand draußen stehen,
sondern nimmst uns alle an.

Amen.

25

*D*anke, Gott, für meine Wanne,
baden macht mir so viel Spaß.
Ich plitsche und platsche und werde ganz nass –
so machen alle Kinder das!

*D*anke, Gott,
dass du dich um die großen Dinge kümmerst:
um große Wale, große Bären und riesengroße Elefanten.
Danke, Gott,
dass du dich um die winzigen Dinge kümmerst:
um kleine Raupen, kleine Marienkäfer
und klitzekleine Ameisen.
Danke Gott, dass du dich um mich kümmerst.

*L*ieber Gott,
danke, dass du mich liebst
und mir viele Dinge gibst,
die mich täglich glücklich machen
und mich lassen tanzen, lachen.

Bälle schießen hoch hinaus,
Spielen mit der kleinen Maus,
Tiere, Menschen, das schenkst du,
ich danke dir, Gott, das ist der Clou.

Danke, Gott, dass wir uns lieb haben.
Fürs Streicheln und Kuscheln.
Fürs Lachen und Küssen.
Fürs Lustigsein und Spielen.
Danke, dass meine Eltern sich um mich kümmern,
wenn ich weine.
Danke, dass meine Eltern mir helfen
und mir zu essen geben.
Danke, dass immer jemand bei mir ist.

*V*ater im Himmel, danke, dass du mich so lieb hast!
Ich freue mich, dass ich dein Kind bin.

Amen.

*L*ieber Gott,
danke, dass du mein Freund bist
und ich immer mit dir reden kann.

Amen.

Bei Tisch

Mhhmm – das riecht lecker! Das Essen ist fertig
und der Tisch ist gedeckt. Das Getreide, das Gemüse
und das Obst, alles kommt von Gott!

*L*ass uns, Herr, beim Trinken, Essen
deine Güte nicht vergessen.
Teil uns deine Gaben aus.
Füll mit Frieden Herz und Haus.

*L*ieber Gott,
danke, dass du uns immer genug zu essen gibst!
Du lässt das Getreide wachsen.
Aus dem Getreide wird Mehl gemahlen.
Mit dem Mehl backen wir Brot, damit wir satt werden.
Das ist eine gute Erfindung!

*J*edes Tierlein hat sein Essen,
jedes Blümlein trinkt von dir.
Hast auch unser nicht vergessen,
lieber Gott, hab Dank dafür.

*H*eute hab ich glatt vergessen,
dir zu danken vor dem Essen.
Magen voll und Teller leer,
dank ich dir halt hinterher.

Wieder ist es Mittagszeit,
und das Essen steht bereit.
Was wir haben, kommt von dir,
guter Gott, wir danken dir.

Der Herr lass seinen Segen
über unsere Tische fegen.

Alle guten Gaben, alles, was wir haben,
kommt, oh Gott, von dir.
Wir danken dir dafür.

Feiern

Heute ist ein besonderer Tag. Alle sind fröhlich.
Egal, ob Weihnachten, Ostern, oder Geburtstag –
Gott feiert mit!

37

*I*ch hab Geburtstag heut,
drum lach und spring ich so.
Ich hab Geburtstag heut,
drum bin ich auch so froh.

Ich danke dir, lieber Gott,
ich weiß, du kennst mich gut.
Das Leben schenkst du mir
und Freude, Kraft und Mut.

Du nennst beim Namen mich,
du gabst den Körper mir.
Du zeigst mir deine Welt,
ich danke dir dafür.

Ich singe dir ein Lied
von allem, was du gibst.
Ich freu mich, du bist da;
ich weiß, dass du mich liebst.

Amen.

Lieber Gott,
danke für den Tag, an dem ich zur Welt kam.
Danke für meinen Geburtstag.
Danke für mein Leben und all die wunderbaren
Menschen, die es mit mir teilen.

Viel Glück und viel Segen
auf all deinen Wegen,
ein fröhliches Herze,
das schenke dir Gott.

ieber Jesus,
wir feiern Weihnachten heute.
Danke, dass du damals im Stall geboren bist.
Das ist das größte Geschenk.

In einem Stall, mit Ochs und Rind
bist du gebor'n als kleines Kind.

Die Engel sangen „Gloria"
und auch die Hirten waren da.

*U*ns Menschen liebst du alle gleich,
ob groß, ob klein, ob arm, ob reich.

Drum feiern wir ein großes Fest,
weil du für uns geboren bist.

43

Lieber Jesus,
heute ist Ostern.
Ostern ist ein schönes Fest!
Wir feiern, dass du auferstanden bist.
Du bist nicht mehr tot,
sondern du lebst.

Segen

Egal, wo du bist oder was du machst: Überall
erwartet dich etwas Aufregendes. Draußen im Garten,
auf dem Spielplatz oder im Urlaub. Gott begleitet dich
immer und überall hin!

45

Lieber Gott,
ich bin klein,
aber du bist ein großer Gott,
und du hältst mich in deiner Hand
und passt auf mich auf.

Nichts soll dich ängstigen,
nichts dich erschrecken.
Alles geht vorüber.
Gott allein bleibt derselbe.
Alles erreicht der Geduldige,
und wer Gott hat, der hat alles.
Gott allein genügt.

*M*öge Gott dich segnen.
Möge Gott dich schützen.
Möge Gott immer auf dich aufpassen.

Gott, du hast deinen Engeln gesagt,
dass sie mich beschützen sollen.
Sie tragen mich und passen auf,
dass ich mir an keinem Stein wehtue.
Du rettest alle,
die dich lieben.
Und du sorgst für die Menschen,
die dir vertrauen.
Gott, danke, dass du mich hörst
und dass du mir antwortest.
Du hilfst mir, wenn es mir schlecht geht,
und du rettest mich.

Amen.

nach Psalm 91

Vom Anfang bis zum Ende hält Gott seine Hände
über mir und über dir.

Ja, er hat es versprochen, hat nie sein Wort gebrochen:
„Glaube mir, ich bin bei dir!

Immer und überall, immer und überall, immer bin ich da!"

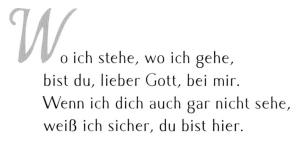

Wo ich stehe, wo ich gehe,
bist du, lieber Gott, bei mir.
Wenn ich dich auch gar nicht sehe,
weiß ich sicher, du bist hier.

Amen.

Der Frieden Gottes füllt mich aus.
Er wird ganz groß und wächst hinaus.
Fest kann ich stehn auf gutem Land,
geborgen sein in Gottes Hand.

Gefühle

Manchmal bist du traurig. Oder du hast Angst.
Egal, was gerade ist, Gott kennt deine Gefühle.
Er versteht dich.

Vater unser,
kümmre dich um alle Kinder,
die allein sind und keine Eltern haben.
Lass sie jemanden finden, der sie lieb hat,
und sei es dich und mich.

Lieber Gott im Himmel,
ich habe Angst.
Ich habe Angst vor Räubern.
Ich habe Angst davor,
dass es brennt,
Angst vor wilden Tieren.
Bitte, Herr, nimm du meine Angst weg.

Amen.

*U*nser Vater im Himmel,
dein Name ist wunderbar.
Wir wollen, dass jeder sieht:
Du bist König.
Wir wollen tun, was dich froh macht.
Bitte gib uns, was wir brauchen.
Vergib uns, wenn wir falsch handeln.
Hilf uns, anderen zu vergeben.
Pass auf uns auf, jetzt und immer.

Amen.

Nach dem Vaterunser

Lieber Gott,
ich habe mich gestritten.
Wir haben uns geschlagen und geboxt.
Es tut mir leid.
Kannst du mir noch mal verzeihen?
Ich entschuldige mich auch gleich
bei den anderen.

Amen.

*L*ieber Gott, ich wünsche mir,
dass die Menschen auf der Welt aufhören zu kämpfen.
Ihre Waffen sollen zerstört und etwas Gutes daraus
gemacht werden.

*J*ch wünsche mir, das jeder Mensch
einen sicheren Platz zum Leben hat.
Und jeder soll die guten Gaben deiner Erde
genießen können.

(Nach den Worten des Propheten Micha in der Bibel)

Bibliographie

S. 11: „Wie fröhlich bin ich aufgewacht" von Jörg Zink, in: Das family-Gebete-Buch. Die schönsten Gebete für alle Gelegenheiten, SCM Hänssler im SCM-Verlag GmbH & Co. KG 2006.

S. 12: „Lieber Jesus, danke ..." von der Herausgeberin (Erstveröffentlichung).

S. 13: „Ich bin klein, doch du bist groß" von Caritas Führer, in: Mit kleinen Kindern Gott begegnen. Kindergottesdienstentwürfe für das ganze Kirchenjahr, SCM R.Brockhaus im SCM-Verlag GmbH & Co. KG 2010.

S. 14: „Ich gehe in den Tag hinein" von Caritas Führer, in: Ebd.

S. 17: „Lieber Jesus, heute war ... " von der Herausgeberin (Erstveröffentlichung).

S. 18: „Müde bin ich, geh zur Ruh" von Luise Hensel, in: Das family-Gebete-Buch (s. o.).

S. 40: „Ich hab Geburtstag heut" in: Barbara Cratzius: Und ich spür, dass du mich liebst, Verlag Johannis 1992.

S. 41: „Lieber Jesus, wir feiern ..." von der Herausgeberin (Erstveröffentlichung).

S. 42: „In einem Stall" von der Herausgeberin (Erstveröffentlichung).

S. 44: „Lieber Jesus, heute ist Weihnachten ..." von der Herausgeberin (Erstveröffentlichung).

S. 49: „Nichts soll dich ängstigen" von Teresa von Avila, in: Das family-Gebete-Buch (s. o.).

S. 53: „Wo ich stehe" von Heinrich Albert, in: Gebete für Kinder,
　　　 SCM Hänssler im SCM-Verlag GmbH & Co. KG 1997.
S. 54: „Der Frieden Gottes füllt mich aus" von Caritas Führer, in:
　　　 Mit kleinen Kindern Gott begegnen (s. o.).
S. 56: „Die keine Eltern haben" von Erwin Grosche, in:
　　　 Das family-Gebete-Buch (s. o.).
S. 58: „ Unser Vater im Himmel" nach dem Vaterunser, in:
　　　 Danke Gott für diesen Tag!, SCM R.Brockhaus im SCM-Verlag
　　　 GmbH & Co. KG 2009.
S. 59: „Ich habe mich gestritten" von Marie Gundlach, in:
　　　 Das family-Gebete-Buch (s. o.).
S. 60: „Lieber Gott, ich wünsche mir" nach den Worten des Propheten
　　　 Micha in der Bibel, in: Gute Nacht. Gebete für Kinder,
　　　 SCM Hänssler im SCM-Verlag GmbH & Co. KG 2009.

Bei allen anderen Gebeten, die sich in diesem Buch finden, sind nach
unseren Recherchen die Verfasser unbekannt.